El levantamiento comunal en Guatemala de 2023

Primera edición:
Mayo de 2024

Título:
El levantamiento comunal en Guatemala de 2023

Autoría:
Dawn Marie Paley, Raquel Gutiérrez Aguilar y María José López (eds.)

Maquetación y diseño de cubierta:
Traficantes de Sueños.

Edición:
Ojalá, Bajo Tierra ediciones y Traficantes de Sueños

Imágen de cubierta:
Sandra Cuffe

ISBN: 978-84-19833-20-4
Depósito legal: M-13098-2024

El levantamiento comunal en Guatemala de 2023

PERIODISMO Y
ANÁLISIS EN TRADUCCIÓN

JOURNALISM &
ANALYSIS IN TRANSLATION

Cuaderno 01

Cuadernos Ojalá es un esfuerzo colaborativo para seguir documentando el presente y disputando el sentido de lo que pasa.

Entender lo que ocurre en distintos lugares, más allá de la sucesión disconexa de imágenes y palabras que nos brindan las redes fue, entre otros, uno de los objetivos por los cuales en marzo de 2023 echamos a andar *Ojalá, periodismo y análisis en traducción*.

Ahora, en alianza con Bajo Tierra Ediciones y Traficantes de Sueños, abrimos la colección *Cuadernos Ojalá*. Reunimos reportajes, entrevistas y opiniones con arte y reflexiones gráficas sobre diversos acontecimientos. Pasar a papel textos breves sobre determinados hechos, escritos por diversas manos, compone miradas complejas sobre asuntos relevantes y permite nuevos circuitos de circulación de las ideas.

Así nos enlazamos, además, en un nuevo esfuerzo de cooperación.

Introducción

En este primer *Cuaderno Ojalá* hemos reunido las siete notas publicadas desde y sobre Guatemala a lo largo de 2023, un lapso en el que ocurrieron sucesos políticos sin precedentes en aquel país centroamericano.

El resultado es este documento donde se van registrando, paso a paso, algunas de las contradicciones sociales y políticas más álgidas desplegadas a lo largo y ancho de Guatemala. Lo hace desde una perspectiva comunitaria y popular que analiza los sucesos anclando la mirada en diversos territorios y prácticas comunales indígenas.

Nuestra cobertura va más allá del tenso proceso electoral en el cual el socialdemócrata Bernardo Arévalo ganó las elecciones en segunda vuelta. Hemos documentado un conjunto de esfuerzos impulsados desde diversas estructuras de gobierno comunal indígena en defensa no sólo de los territorios sino también de las economías populares y de la democracia en Guatemala.

Al compilar las notas publicadas a lo largo del año se vuelve muy claro el protagonismo de miles de comunarios y comunarias fuertemente agredidos en sus territorios, pero, aun así, tenazmente decididos a defender sus modos de vida y sus recursos comunes.

Este *Cuaderno Ojalá*, que reúne reportajes, entrevistas y columnas de opinión, se propone contribuir a no olvidar, justamente, ese abanico de contenidos políticos diversos que han animado las movilizaciones y luchas en Guatemala. El levantamiento indígena comunitario que comenzó en octubre concluyó el 14 de enero, cuando Arévalo finalmente tomó posesión del cargo de presidente de la República.

A partir de ese momento se ha abierto una nueva situación que seguiremos documentando en *Ojalá*.

Equipó *Ojalá.mx*

Guatemala, 15 de febrero, 2024

Guatemala: más allá de las elecciones

[Reportaje • Gladys Tzul Tzul y Simón Antonio Ramón
10 de mayo, 2023]

El día del inicio de las campañas electorales en Guatemala, los pueblos de Totonicapán y Sololá se levantaron, tomando la carretera Interamericana en varios puntos.

Desde el 26 de marzo y durante más de 48 horas, las comunidades de Totonicapán, Sololá, Quiché y otras se movilizaron contra una nueva iniciativa de ley que pretende obligar a los pequeños comerciantes a emitir facturas y los obliga a incorporarse al sistema tributario.

La movilización social comunitaria, articulada con sectores de la economía popular, revela la capacidad de veto contra el Estado y sus instancias. El gobierno de Alejandro Giammattei tuvo que dar marcha atrás, y las campañas electorales quedaron marcadas por la potencia comunitaria.

Las protestas contra los impuestos fijaron una pauta importante en un país donde siguen los desplazamientos de mujeres y hombres hacia Estados Unidos, donde los desalojos de tierras ocurren con frecuencia y donde la persecución penal a comunitarios, operadores de justicia y periodistas se ha vuelto eventos cotidianos.

En Guatemala, así como en los países de Centroamérica, los grupos de la élite pugnan, una vez más, por ocupar y explotar los territorios de los pueblos indígenas. Por ello presentaremos algunas claves para entender qué está en juego en el actual periodo electoral.

Rebelión y veto comunal

En los últimos meses de su presidencia, Giammattei intentó dar vida a un proyecto político de larga data de las élites guatemaltecas. Buscó insertar las dinámicas de la economía popular en registros tributarios, forzando a los pequeños negocios a inscribirse en la Superintendencia de Administración Tributaria (SAT).

Con esta medida pretende extraer rentas fiscales a las economías populares, a la vez que lograría expandir el uso de la tecnología para el control y registro de sus actividades, pues el acceso a internet generalizado sería obligatorio para la utilización de las plataformas de generación de facturas.

Más impuestos y más gastos sobre tales economías, además de la imposición de un complejo y demandante proceso de fiscalización, representan una amenaza para la economía popular, por lo que la iniciativa fue enérgicamente rechazada. Las autoridades comunales presentaron memoriales alegando sus razones, al mismo tiempo que los comunitarios armaron bloqueos de caminos y cerraron mercados.

Por esos motivos, los días 26 y 27 de marzo se organizó una protesta masiva contra tales iniciativas, liderada por la Junta Directiva de 48 Cantones de Totonicapán y la Municipalidad Indígena de Sololá. Con el paso de las horas, se fueron uniendo e incorporando más autoridades y pueblos, como los comerciantes del mercado de Chichicastenango, Santa Lucía Utatlán, entre otras.

Parte de la fuerza de la protesta fue la simultaneidad entre la carretera Interamericana completamente ocupada, con discursos y consignas en defensa de la economía popular y el cierre completo de mercados municipales y tiendas en Totonicapán y Sololá.

La movilización obligó a diversas instancias del sistema político nacional (el Congreso, la presidencia y la SAT) a retirar el acuerdo gubernativo 12-23, que pretendía obligar a los pequeños comerciantes a emitir facturas contables. También llevó a la cancelación de la Iniciativa de ley No. 6165 que genera condiciones para incorporarlos al sistema tributario.

Criminalización, despojo y migración

Las comunidades organizadas en resistencia denuncian que en tiempos de elecciones los partidos políticos, tanto de doctrinas ideológicas progresistas, socialistas como conservadores o liberales, llegan a disputar los liderazgos en los pueblos, con lo cual se rompe el tejido social que han ido reconstruyendo desde hace varios años.

"Hay muchas órdenes de captura contra los comunitarios q'eqchi's, pero ninguna organización ni partido se ha movilizado, pues andan en campaña electoral", señaló una mujer que analizó el momento electoral en entrevista con nosotros en la Ciudad de Guatemala, quien pidió anonimato por seguridad.

Así como el levantamiento por la defensa de la economía popular marcó los primeros días de campaña, a lo largo de abril los desalojos de tierras y la criminalización contra comunidades no han parado.

El 10 de abril se intentó hacer un desalojo en la comunidad Kumatz de Barillas, Huehuetenango. A finales del mismo mes, la Policía Nacional Civil intentó desalojar la comunidad Marichaj de Alta Verapaz.

Ambas comunidades se encuentran ubicadas en la Franja Transversal del Norte, espacio donde se juega la expansión de las fincas de palma aceitera. De ahí que ésa sea la región donde se desarrolla la mayor cantidad de despojos de tierras a las comunidades, según denuncias de los comunitarios.

El 23 de abril tres comunitarios fueron detenidos en el campamento en el que fueron reubicados los habitantes de la comunidad de Laguna Larga, en el departamento de Petén, la cual fue desalojada hace casi seis años.

Las comunidades manifiestan que la mayoría de desalojos ocurren por las noches, sin una orden judicial, con lujo de fuerza y en los momentos más vulnerables para niñxs y personas mayores. Tal es el caso emblemático de la comunidad Cubil Witz, en el departamento de Alta Verapaz, ocurrido en agosto de 2020, cuando el país estaba bajo estado de excepción impuesto por el gobierno durante la emergencia de la Covid-19. En horas de la noche, un grupo armado comenzó a quemar las casas de las 40 familias que vivían en la comunidad.

Los territorios de las comunidades indígenas son de interés fundamental para el proceso de acumulación y despojo capitalista. El año pasado ocurrieron quemas de casas y de cosechas de comunidades enteras en territorio q'eqchi'. Mientras, en la Franja Transversal del Norte y la zona del Polochic, el acaparamiento de tierras ha dejado a las comunidades sin medios de subsistencia.

Según los datos de Comunidades Indígenas en Liderazgo (CIELO), el aumento de las olas de desplazamiento de ciertas comunidades indígenas hacia Estados Unidos se corresponde con los procesos de despojo de sus territorios.

El Center for Indigenous Languages and Power (CILP), que es parte de CIELO, nota que el 32% de los migrantes indígenas en más de 30 estados de EEUU con los que trabajó en 2022 son del pueblo maya q'eqch'i, seguido por el chuj, mam y mixteco.

En este contexto se pueden comprender las condiciones que forzaron el desplazamiento de 40 jóvenes migrantes que murieron calcinados en una estación migratoria en Ciudad Juárez, también a finales de marzo. Entre ellos, algunos eran personas k'ich'e, q'anjob'al, q'eqchi' y mam de Guatemala, así como varios hondureños.

Familiares de los fallecidos manifestaron que los jóvenes tuvieron que irse debido al despojo de sus tierras, al desempleo y al efecto de las inundaciones que les han hecho perder sus cosechas, entre tantas otras razones.

Las comunidades despojadas de sus tierras se desplazan en búsqueda de horizontes para apoyar a sus comunidades, o para reconstruirse luego de los desalojos. El año pasado, fueron más de 94,000 los migrantes deportados de Estados Unidos a Guatemala.

Elecciones y regresión judicial

Con este panorama, el 25 de junio próximo se realizarán las elecciones generales en las que se elegirán a 340 alcaldes, alcaldesas e integrantes del consejo municipal de cada municipio, 160 diputadas y diputados al Congreso de la República, tanto por listado nacional como distrital, y 20 representantes al Parlamento Centroamericano (PARLACEN). La segunda vuelta se realizaría, si fuera necesario, el 20 de agosto.

Según el abogado Edie Cux de la organización Acción Ciudadana, hay indicios de que en el actual proceso electoral se estaría orquestando un fraude electoral, más allá de la manipulación, anomalías y mala gestión logística de la organización de los comicios que han marcado, casi siempre, las elecciones generales en Guatemala.

Para estas elecciones habrá 24 candidaturas que buscan la presidencia y vicepresidencia, más un binomio pendiente de que la Corte de Constitucionalidad (CC) resuelva las controversias para su inscripción. Este 2 de mayo la CC confirmó la exclusión de la candidatura de Thelma Cabrera a la presidencia por el partido político Movimiento para la Liberación de los Pueblos (MLP) junto a Jordán Rodas, ex procurador de los Derechos Humanos (PDH).

El proceso electoral está instalado en la agenda empresarial, enlazada con actores tradicionales junto a grupos delictivos. Estos actores jugaron un papel determinante durante el conflicto armado, como es el caso de la hija del genocida Efraín Ríos Montt, Zury Ríos Sosa, ahora candidata a la presidencia por la coalición de partidos Valor y Unionista. También lo son Manuel Conde, ex militar, candidato a la presidencia por el partido oficial Vamos, y Giulio Talamonti del partido Unión Republicana, ligado también al poder militar, entre otros.

La última elección en Guatemala tuvo lugar en 2019, cuando fueron electos Giammattei y Guillermo Castillo; en esa ocasión hubo más del 60% de abstención, la más alta en los últimos 20 años. La falta de confianza generalizada en el sistema electoral se tiene que entender, también, en un contexto de desestructuración de una parte importante del sistema judicial.

Actualmente 38 funcionarios del sistema judicial y del Ministerio Público se encuentran en condición de exiliados. El abandono del país de los funcionarios judiciales se aceleró tras la expulsión de la Comisión Internacional contra la Impunidad en Guatemala (CICIG) en 2019, como efecto de la persecución por su trabajo en la construcción de cierta institucionalidad democrática tras la firma de los Acuerdos de Paz en 1996.

Por otra parte, en abril pasado, se removió y trasladó de sus cargos a fiscales del Ministerio Público que llevaron a cabo procesos de investigación para llevar ante la justicia a militares de alto rango acusados de integrar estructuras clandestinas que secuestraron y desaparecieron a sindicalistas, campesinos, estudiantes y comunitarios en la década de 1980.

Se destacan casos como la criminalización del ex fiscal Orlando López, quien llevó a juicio a Ríos Montt; la remoción de Hilda Pineda, quien también fue fiscal en el caso de Genocidio; y de Elena Sut, quien litiga en el caso conocido como Diario Militar.

Otro caso es el de Juan Francisco Sandoval Alfaro, ex jefe de la Fiscalía Especial contra la Impunidad (FEC), quien llevó ante la justicia a la ex vicepresidenta Roxana Baldetti y al ex presidente Otto Pérez Molina, que fueron sentenciados por corrupción en el caso La Línea en diciembre de 2022.

Es importante entender que el proceso de persecución y criminalización contra comunidades indígenas es la escuela para la actual persecución de funcionarios judiciales.

"Eso siempre había ocurrido en las comunidades indígenas, se les ha encarcelado, no se otorga medida sustitutiva y existen problemas de la mora judicial, violaciones en el derecho de defensa, se ha violentado el acceso al idioma propio", señala la abogada maya k'ich'e Lucía Xiloj. Nota que las prácticas de persecución que actualmente se señalan con respecto a operadores de justicia son las mismas que se aplican en casos de pueblos indígenas y comunidades criminalizadas.

"Se habían intentado algunas reformas al sistema de justicia impulsadas por pueblos indígenas y derechos humanos", comentó Xiloj. "Primero con el fortalecimiento de las capacidades del Ministerio Público, la [Corte Suprema de Justicia] y la CC, con la carrera judicial, pero estamos en un proceso de regresión."

Al momento de escribir este artículo, el Congreso de la República se niega a elegir magistradas y magistrados a las Cortes de Apelaciones y la CSJ, lo que ha provocado la extensión *de facto* del mandato de quienes han contribuido a tal regresión.

Eso es un reflejo del debilitamiento del sistema de justicia y de la falta de justicia, mucho más generalizada, a lo largo y ancho del país.

Todo esto ocurre a varios años ya de persecución penal y encarcelamiento contra comunitarios de las resistencias, comunicadoras de las radios comunitarias, periodistas indígenas y periodistas que desarrollan su labor en la ciudad. Así, las elecciones de 2023 se avizoran como las más cuestionadas de los 27 años tras la firma de los Acuerdos de Paz.

La ola de violencias en los territorios es la única presencia del Estado en las comunidades. Mientras tanto, los comunitarios se defienden y refuerzan sus estructuras de gobierno. Saben que ni sus necesidades ni sus horizontes caben en las urnas de latifundistas, criminales, militares y ex militares.

Los presidentes van y vienen, pero las estructuras comunales seguirán funcionando, se defenderá la tierra, el agua, la economía popular y se luchará por mantener la memoria viva.

Guatemala: la política electoral desde los territorios indígenas

[Opinión • Gladys Tzul Tzul y María Guarchaj Carrillo
11 de agosto, 2023]

Las últimas elecciones en Guatemala se han sumado a una crisis política e institucional de larga data, afectando no solamente asuntos de orden nacional, sino también el equilibrio de poder a nivel local.

Según los resultados del 25 de junio, los presidenciables Sandra Torres, de la Unidad Nacional de la Esperanza (UNE), de tendencia de centroderecha, y Bernardo Arévalo, del Movimiento Semilla, que se autonombra socialdemócrata, competirían en una segunda vuelta a realizarse el 20 de agosto.

Hoy, a menos de dos semanas de los nuevos comicios, el proceso electoral se encuentra rodeado de inestabilidad. Luego de que se conocieran los resultados finales en los últimos días de junio, una coalición de nueve partidos, encabezada por el partido Valor, que postulaba a Zury Ríos —hija del genocida juzgado Efraín Ríos Montt— denunció fraude ante la Corte de Constitucionalidad (CC) y el Tribunal Supremo Electoral (TSE).

Del 26 de junio a esta fecha, ha ocurrido una cadena de acciones judiciales que han rebotado en la CC, la Corte Suprema de Justicia (CSJ), el TSE y el Ministerio Público (MP). Estas instituciones, en una suerte de juego de ajedrez, han movido sus piezas para imponer su orden, de tal forma que se ordenó la revisión de actas, se revisaron las impugnaciones y se pusieron en suspenso los resultados finales.

Esta crisis ha puesto en entredicho las elecciones presidenciales, alcanzando también a los comicios municipales. Por lo menos en 10 municipios, entre ellos Santa Cruz Chinautla, San José del Golfo, San Pablo Jocopilas, San Martín Zapotitlán, San Bartolomé Jocotenango, San Pedro Yepocapa y San Miguel Petapa, ocurrieron quemas de papeletas, robo de urnas y enfrentamientos entre la población.

Como resultado, el 20 de agosto se repetirán las elecciones en seis municipios.

Por otro lado, el 12 de julio el MP dio a conocer que se empezaba un proceso para anular la personalidad jurídica del Movimiento Semilla por denuncias de falsificación de datos y lavado de dinero. Esto puso de nuevo en suspenso el resultado electoral, pues trastoca la correlación de fuerzas a nivel general. Dicho partido, además de correr por la segunda vuelta presidencial, también constituye la tercera fuerza en el Congreso, con 23 diputados.

El Movimiento Semilla es un partido político joven, que lanzó a Arévalo por primera vez como candidato presidencial. Representa una fracción de la clase media alta y mestiza. Su base principal se encuentra en la ciudad capital y en varios municipios del occidente y el oriente del país. Para el periodo 2020-2024, Semilla se constituyó como oposición en el Congreso de la República, con seis diputados.

El hecho de que el Movimiento Semilla apareciera como segundo en las preferencias electorales obedeció en gran medida al cálculo ciudadano, que optó por el rechazo a las élites militares que buscan el gobierno. Vale la pena hacer notar que el voto nulo alcanzó un 17% del total de votos emitidos.

Desde los comicios en junio, han sucedido visitas de la Organización de Estados Americanos para hacer verificación de las elecciones. Se han abierto denuncias contra los miembros y fundadores del Partido Político Semilla y la contienda del 20 de agosto se encuentra en entredicho, dado que la misma existencia del partido está en cuestión.

Todo esto coloca a Guatemala plenamente en la crisis centroamericana, en condiciones sociopolíticas similares a las de los tiempos de la guerra, pues, mientras la inestabilidad política estatal va en marcha, la persecución y la violencia política contra las comunidades indígenas que defienden sus tierras sigue su curso. Por ello hay que ir más allá de la presidencia y el Congreso nacional y mirar lo que ocurre en los distintos territorios del país.

De cómo el poder municipal se enlaza con lo nacional

La jornada electoral del 25 de junio provocó una serie de continuidades y cambios. Según información del TSE, en lo que respecta al ámbito municipal se reeligieron 83 planillas del total de 340 municipios. Entre los 257 restantes se pudo notar que algunos ya habían ejercido un cargo público como alcaldes en los años anteriores. Existe una predominante mayoría de alcaldes reelectos del partido oficial Vamos, quienes sumaron un total de 126 planillas municipales, seguidos por Cabal con 49, UNE 43, Valor con 13, Unionista con 10, mientras los Comités Cívicos sumaron 20 planillas municipales. Semilla alcanzó tan sólo dos planillas municipales.

Esta información puede ser analizada de dos maneras.

La primera es el comportamiento electoral municipal: las elecciones serían resultado del conocimiento, alianzas y acuerdos con el candidato local y no necesariamente con el partido político.

En segundo lugar, revela las alianzas municipales con el partido oficial, pues en más de 120 municipios logró establecerse ese tipo de alianzas con el partido que gobierna.

De los alcaldes municipales electos, sólo en un municipio resultó ganadora de la alcaldía una mujer indígena, por el conservador partido VIVA. Ni en las planillas municipales ni en otros cargos las mujeres y las mujeres indígenas tuvieron espacios predominantes.

Para entender mejor el panorama local en varios lados, revisamos lo sucedido en cinco localidades del país: Santa Catarina Ixtahuacán, Nebaj, El Estor, San Pablo Jocopilas y Totonicapán.

En Santa Catarina Ixtahuacán, Sololá, en la región de la bocacosta, mayoritariamente maya hablante k'iche', madres y abuelas de la tercera edad fueron quienes asistieron mayoritariamente a emitir sufragio.

En dicho municipio se postularon cuatro partidos políticos, incluido el partido oficialista, mismo que fue reelecto, siendo el más votado Pascual Tambriz Tzep, seguido por Cabal, UNE, Valor y el Movimiento para la Liberación de los Pueblos (MLP).

En este municipio se consolidó la continuidad de Tambriz, quien ya ha estado durante 12 años como alcalde de la municipalidad y espera cumplir su cuarto periodo. En la pasada contienda, fue elegido por el partido UNE. En Santa Catarina Ixtahuacán existe un alto índice de migración juvenil hacia Estados Unidos; de hecho, dos jóvenes migrantes, quienes murieron calcinados en un centro de detención de migrantes en Ciudad Juárez, eran originarios de este municipio.

Tambriz no garantizó el cumplimiento de los acuerdos de seguridad en el conflicto territorial entre Nahualá y Santa Catarina Ixtahuacán. Tal enfrentamiento territorial entre ambos municipios ha cobrado vidas y la población ha tenido que vivir bajo estado de sitio.

En San Pablo Jocopilas, Suchitepéquez, la Junta Electoral denunció agresiones por parte de ciudadanos. Según se ha dado a conocer, el 25 de junio, en horas de la noche, cuando se habían contabilizado tres mesas, ingresaron personas a quemar boletas.

Actualmente, este municipio trilingüe, k'iche'-kakquichel-español, ubicado en la bocacosta, es gobernado por Melvin Macario, del oficialista Vamos, quien buscaba reelegirse en su segunda gestión. Hasta la fecha no hay resultado de los comicios y el TSE dictaminó la repetición de las elecciones el 20 de agosto.

En la gestión de dicho alcalde se han conocido juicios penales en materia laboral, en los que se le ordenó la reinstalación de trabajadores municipales a quienes lleva varios meses sin pagarles. Otra de las características de San Pablo Jocopilas es que cientos de jóvenes tienen que migrar hacia los Estados Unidos.

El Estor, Izabal, es un municipio que por más de tres años ha estado militarizado a raíz de la imposición de la continuidad de labores de la minera CGN, contra la que los pobladores maya q'eqchi' han presentado recursos legales y realizado manifestaciones pacíficas en protesta por las operaciones ilegales.

Así pues, esta jornada electoral estuvo caracterizada por una fuerte presencia de agentes de la Policía Nacional Civil y el Ejército. El oficialista Genaro Icó, del partido Vamos, resultó ganador, seguido por Armando Warren del partido Cabal. Para los pobladores, Icó representa la continuidad del gobierno central, que ha dictado órdenes para la suspensión de derechos fundamentales a fin de imponer por la fuerza las operaciones de la mina.

En la cabecera municipal del territorio Quiche' de Totonicapán las elecciones se realizaron bajo la sombra del juicio actualmente en marcha por la masacre ocurrida el 4 de octubre de 2012, en la que murieron seis comunitarios y más de 70 quedaron heridos.

Totonicapán es un municipio donde la densidad política de los 48 cantones ha construido un sistema político comunal propio, que disputa el orden público. Las elecciones dieron el siguiente resultado: el conservador Cabal, con Luis Herrera, logró su tercer periodo de elección, seguido por Valor y BIEN.

Herrera, un hombre no indígena, gobernará en un pueblo con alta densidad indígena. Llama la atención que en esta contienda ingresaron miembros de la antigua estructura caciquil de los Arévalo Barrios, una familia no indígena que gobernó por más de 25 años este pueblo.

Fue bajo el gobierno de esta familia que ocurrió la masacre del 4 de octubre de 2012, como también las manifestaciones de 2001, cuando quisieron implantar un impuesto sobre tierras comunales. Esta familia es enlace del partido fundado por el fallecido Ríos Montt, que fuera enjuiciado por genocidio. En estas elecciones, una mujer de esa familia ingresó como diputada departamental. Cabe aclarar que, hasta donde sabemos, la familia Arévalo de Totonicapán no tiene relación con Bernardo Arévalo del Partido Semilla.

La vida política en Santa María Nebaj siempre ha influido en la vida nacional, tanto por las luchas contra las hidroeléctricas como por el Juicio por Genocidio. En estas elecciones resultó ganador Ramón Raymundo de la UNE, seguido por Vamos y en el tercer puesto Cabal. En estos comicios se rompió el orden anterior que disputaban Pedro Raymundo (Cabal) y Virgilio Bernal (Vamos), quienes por más de 30 años han disputado las elecciones.

El 1 de septiembre de 2022 el alcalde municipal de Santa María Nebaj mandó desalojar ilegalmente la Alcaldía Indígena, lo cual profundizó más la tensión con las comunidades, los sectores de transportistas, mujeres organizadas y sectores del mercado. Estos antecedentes moldearon de muchas maneras el voto en junio.

¿Las elecciones municipales provocaron un recambio en el poder?

Lo que hemos visto son dinámicas de continuidad de funcionarios, aunque hayan cambiado de partido. El orden local del poder constituye un prisma del andamiaje político en el que se disputará la vida en los siguientes años.

Para este periodo, el Tribunal Supremo Electoral amplió la cobertura de mesas receptoras de votos; esta extensión se manifestó en territorios indígenas.

Esto provocó dos cosas: la primera fue la descentralización del voto, llevando a la creación de nuevos núcleos de elección en los territorios, y la segunda fue que se cargó a las autoridades comunitarias de más responsabilidades.

"Nosotros le hemos ahorrado miles de quetzales al TSE porque ellos no han podido financiar sus elecciones, y nosotros apoyamos por una responsabilidad con la comunidad", manifestó un alcalde comunal local a un reportero de la radio comunitaria La Niña de Totonicapán.

Las elecciones estatales representan un recambio en las fuerzas en el poder municipal, que afectarán el despliegue de la política comunal. Vivimos un tiempo que exhibe la superposición de la crisis política en Guatemala y muestra el andamiaje institucional en medio de una violencia muy severa en los territorios. Así como en tiempos de la guerra civil.

Luchar por la justicia en Guatemala

[Entrevista • Dawn Marie Paley
20 de septiembre, 2023]

Jovita Tzul es una mujer maya kich'e de Totonicapán, Guatemala. Abogada de profesión, ejerce en
uno de los contextos legales más difíciles del hemis-
ferio. "Como decimos nosotros, no somos abogados
mayas", dijo Tzul. "Somos mayas que nos hicimos
abogados también."

Desde la Corte acompaña luchas por la defensa
del territorio, a defensores y defensoras de derechos humanos, y a víctimas y sobrevivientes de
graves violaciones a los derechos humanos durante
el conflicto armado interno.

Tzul ha participado en algunos de los casos
más resonados en el país, como es el caso del Diario Militar. También litiga en casos menos sona-
dos, apoyando a personas y comunidades —en su
mayoría mayas—, que enfrentan procesos de criminalización por sembrar y vivir en sus territorios
ancestrales.

De esta forma, su trabajo hila entre dos perio-
dos en Guatemala: el periodo de guerra y lo que le
ha seguido después de la firma de los Acuerdos de
Paz a mediados de los años 1990.

"Sabemos que esos 36 años de guerra marca-
ron un *continuum* de violencia que sigue gene-
rando actos de criminalización de violencia de

desaparición de personas en la actualidad", me dijo Tzul en entrevista desde su oficina en la Ciudad de Guatemala. "Estamos apoyando en la lucha por la búsqueda de justicia de estas personas, pero también por la defensa de personas que son injustamente procesadas —personas criminalizadas— por su activismo hoy."

Hablamos por videoconferencia a principios de septiembre, y el resultado es una entrevista en dos partes. Hoy publicamos la primera parte de la entrevista, que ha sido ligeramente editada por tiempo y extensión.

Dawn Marie Paley: Quisiera empezar con el caso del Diario Militar, en el cual tú trabajas como abogada. ¿De qué se trata el Diario Militar y de qué va el caso?

Jovita Tzul: El caso del Diario Militar es un caso que marca un punto clave para entender la política de Estado de desaparición forzada en Guatemala, y no sólo en Guatemala: la desaparición forzada era una estrategia útil en diversos países, tanto en Argentina como en Chile y en Colombia.

El caso del Diario Militar trata de un documento al que llaman justamente así, Diario Militar. Es la suma de una serie de registros realizados por personal del Ejército de Guatemala, de lo que nosotros llamamos una estructura clandestina que se constituyó para ejecutar actos de desaparición forzada, de tortura, violencia sexual y ejecución de personas.

En Guatemala hay más de 45,000 desaparecidos y, de ellos, aproximadamente 190 se registran en el documento del Diario Militar. Cuando este documento se hace público por ahí del año 1999, las demandas de las familias [de las víctimas] tuvieron todavía mucha más certeza, porque en ese documento se consigna la fecha de detención, el lugar de detención, el lugar a donde fue trasladado inicialmente y también el lugar a donde fue remitida la persona después de su detención.

Todo de forma clandestina. Aunque públicamente declaraban que no habían logrado detener a nadie, en realidad tenían a personas sometidas a una situación de detención en clandestinidad. Eso es lo que se está juzgando en el Diario Militar.

Las compañeras en Argentina, en Uruguay, en Chile han hablado de los patrones que se utilizaban al detener a una persona y someterla a torturas, con el objetivo de que brindara información útil para continuar con ese circuito de detenciones en clandestinidad. Todo eso está acreditado dentro del caso del Diario Militar.

DMP: ¿Quiénes son las personas que están siendo sindicadas dentro del proceso?

JT: Hay mandos muy altos, algunas personas que en el tiempo de posguerra llegaron a ocupar cargos como ministros de Defensa y ministros de Gobernación.

Hay 15 personas a quienes inicialmente les fue girada una orden de aprehensión por los delitos de desaparición forzada, delitos contra deberes de humanidad, asesinato y asesinato en grado de tentativa. El grado de tentativa es porque hay personas sobrevivientes que señalan a los perpetradores de su detención y de su tortura, que lograron recobrar su libertad posteriormente.

Desde el trabajo que nosotros hacemos, yo traté de mostrarle al juez cómo en el caso del Diario Militar operaban patrones de actuación. También se ensañó toda esta estructura en contra del cuerpo de las mujeres, digamos; yo represento a una de las víctimas sobrevivientes que se la llevaron cuando tenía ocho años y cuenta los horrores que tuvieron que vivir ella y su mamá, cómo la utilizaban a ella para que su mamá pudiera ceder información. El uso del cuerpo de las mujeres en esos centros fue realmente una estrategia fundamental, que ahora se discute en el caso.

Parte del contexto del caso nos lleva a que estas personas que están ahora siendo juzgadas sigan detentando mucho poder político, económico y militar. Durante el trámite de la etapa intermedia del proceso, hubo situaciones de amenazas y de seguimiento a los equipos legales de las víctimas.

Eran situaciones de riesgo para el juez, los fiscales, las víctimas y los equipos legales de las víctimas. Aun así, el 4, 5 y 6 de mayo [de 2022], el juez Miguel Ángel Gálvez decidió enviar a 10 de los hombres sindicados a juicio oral y público. Todavía cinco de ellos están pendientes.

Luego el juez Gálvez tuvo que renunciar por las amenazas que le hicieron a partir de esta resolución, por acciones legales que se presentaron en su contra. Actualmente tenemos una jueza que no comprende el caso.

También, en mayo del año pasado fue enviado a proceso el señor Toribio Acevedo Ramírez, que era un civil que participaba en todas estas acciones y era miembro del Estado Mayor Presidencial y, según los sobrevivientes, era la persona que más saña tenía para torturar.

En la actualidad él ha sido jefe de seguridad de grandes empresas que han reprimido a comunidades, como es el caso de Cementos Progreso. Acevedo Ramírez era el jefe de seguridad de Cementos Progreso.

Su audiencia fue muy fuerte. A partir de que este personaje está ligado a proceso, las amenazas aumentaron mucho más. Él recobró su libertad el 28 de noviembre del año pasado, fue el primero en recobrarla, se sustituyó por arresto domiciliario. Fue de las primeras resoluciones que se dictaron cuando el juez Miguel Ángel Gálvez se fue.

Apelamos eso y la sala nos dio la razón. Acevedo Ramírez tenía que volver a prisión preventiva. Presentó un amparo ante la Corte Suprema de Justicia y en 24 horas se lo otorgaron. Aquí se tarda, no sé, dos meses, en resolverse un amparo, pero él en 24 horas lo logró. Eso nos da una muestra de su poder.

Hoy estamos a la espera de la resolución de la Corte. Por eso el proceso actualmente se encuentra detenido. Ellos están buscando generar impunidad. Ésa es ahorita la situación del Diario Militar.

DMP: Lo que platicas da un retrato muy concreto de lo que se habla en abstracto, de la degradación y corrupción de las instituciones y de la justicia en Guatemala. ¿Cómo es ser abogada luchando por la justicia en un sistema donde muchos colegas están teniendo que renunciar o salir del país?

JT: Creo que hay dos vertientes ahorita en la justicia que nos colocan en una situación de riesgo. Por un lado, seguir buscando justicia por los crímenes del conflicto armado y, por otro lado, la defensa de personas criminalizadas, que de alguna manera han puesto en jaque el tema del *statu quo* de este país.

Yo soy abogada, junto con otro compañero, del fiscal Orlando Salvador López; él llevó a juicio a Efraín Ríos Montt [por genocidio]. La persecución que él tiene actualmente por su trabajo como fiscal es clara.

Por fortuna logramos que afrontara el proceso en libertad, fuimos a una audiencia en donde el Ministerio Público quería que él fuera a la cárcel. El Ministerio Público presentó una serie de fotografías de seguimiento que le habían hecho a él y a nosotros.

El caso de Orlando da una sensación de inseguridad. Nosotros dijimos, "bueno, a mí que me sigan, que me escuchen, yo no estoy haciendo nada ilegal", pero, por supuesto, todo esto ya no tiene que ver con la legalidad.

DMP: El 28 de agosto la abogada Claudia Gonzá-lez, que defiende también a otros fiscales y otros operadores de justicia, fue detenida, escalando el clima de inseguridad. ¿Cómo decides seguir tra-bajando como abogada en este contexto?

JT: Nosotros vamos a seguir. El sistema está pues-to y tiene sus reglas y, por más arbitrariedades que ellos quieran cometer, hay reglas que no pueden cambiar. Por eso todavía podemos seguir mante-niendo la esperanza de algún rastro de legalidad que pueda haber.

Todos estos ataques a la independencia judi-cial, todos estos ataques a la justicia, a los jueces, a los fiscales, a los abogados, pues lo que buscan es generar impunidad en todos estos casos.

Yo represento mayormente a mujeres, y les decía "miren, yo no quiero ser desalentadora, pero en este panorama no sé cuándo el caso vaya a poder avanzar".

Y ellas me respondían: "nosotros esperamos 40 años para poder llegar a un juzgado y lo logra-mos, y si hay que esperar, seguimos esperando". Ellas mantienen la esperanza y si ellas, que son las víctimas directas, mantienen la esperanza, pues a nosotros nos toca también mantener esta mecha encendida todavía.

Necesitamos dos claves para entender Guatemala

[Entrevista • Dawn Marie Paley
28 de septiembre, 2023]

En la segunda entrega de nuestra entrevista con la abogada maya kich'e Jovita Tzul, pasamos a los desalojos y la situación política actual en Guatemala.

Hoy día, Tzul está apoyando el proceso legal de la Masacre de Alaska, nombre con el que se conoce la masacre de ocho hombres de Totonicapán por el Ejército en el contexto de una protesta ocurrida el 4 de octubre de 2012.

"Había una manifestación pacífica, ahí estaba la policía", me dijo Tzul. "Habían llegado los antimotines, pero no habían intervenido, estaban lejos y todo estaba bien, no había ningún incidente hasta aquí. Luego el Ejército llegó, no cumplió con los protocolos de coordinación y disparó contra la población." El caso de la Masacre de Alaska va a tardar meses todavía en resolverse; hasta la fecha se ha presentado la cuarta parte de la evidencia a la Corte.

En esta segunda parte de nuestra entrevista con Tzul le preguntamos sobre la lucha por la tierra, liderada en gran parte por comunidades mayas, los desalojos que amenazan la vida comunal y las posibilidades que representa el gobierno del presidente electo Bernardo Arévalo.

Pueden leer la primera parte de la entrevista, que tuvo lugar a principios de septiembre en el capitulo anterior.

Dawn Marie Paley: Quisiera entender cómo está la situación en términos de los desalojos de comunidades y cómo está la situación legal de seguimiento de búsqueda de justicia para personas desplazadas y las que han intentado resistir.

Jovita Tzul: Continúan los desalojos en el país. Incluso, creo que en estos meses que vienen, de octubre a diciembre, en lo que toma posesión el nuevo gobierno que aparentemente podría traer un cambio, se van a intensificar los desalojos, para después darle una apariencia de legalidad a todos los procesos que vayan a enfrentar las personas que sean detenidas o que ya tengan órdenes de aprehensión por este tema.

Hemos visto que la cámara empresarial le propone al presidente electo llegar a un pacto de gobernabilidad. Uno de los puntos fuertes en ello es el tema de la propiedad privada.

Yo no sé si ellos no lo entienden, no lo quieren entender o no lo saben, pero [cuando hablan de la propiedad privada] están hablando del tema de los desalojos de miles de familias que van a ser desalojadas, tanto en la Franja Transversal del Norte, como en la costa sur.

Venimos acompañando gente que ha afrontado la justicia de forma arbitraria.

Hoy a nivel nacional se mueven intereses que ponen a un juez a favor de un grupo u otro. Pero nadie quiere hacer una discusión sobre el fondo del asunto, sobre la certeza de [la posesión de] la tierra, sobre el caso de las áreas protegidas, en donde es el mismo Estado quien está desalojando a familias que han cuidado y han conservado la naturaleza por años. Pero ahora ellas son declaradas "invasoras".

A nivel de los juzgados en el interior [en los territorios mayormente mayas fuera de la capital], los jueces no quieren entrar a discutir el fondo de los asuntos.

Se espera que definitivamente que las personas se vayan, que haya una condena por el tema de usurpación.

DMP: Supongamos que se llega a condenarlas, ¿a dónde van a ir?

JT: El tema de la migración también tiene que ver con la cantidad de desalojos que se están realizando. Si ya no tienes tierra, si ya no tienes casa, les quemaron todo lo que tenían... ¿Qué queda?

Migrar es la única alternativa.

Yo creo —nada más es una lectura, a ver qué sucede— que de aquí a fin de año estos desalojos se van a intensificar. Lo hacen con tanta impunidad que incluso ni siquiera necesitan policías. Lo hacen con grupos de choque, totalmente arbitrarios, y lo van a continuar haciendo.

Este nuevo gobierno no se va a poder pelear con las azucareras, con las palmeras, porque aparte de que se creen los dueños de la tierra

—que no lo son, pues— tienen un capital económico. No creo que vaya a mejorar la situación para las comunidades con el nuevo gobierno.

DMP: ¿Cuáles son las señales que ustedes están interpretando de parte del nuevo gobierno entrante, del presidente electo, sobre el grave problema de las tierras, del despojo, del desplazamiento forzado y la migración forzada?

JT: Dicen ellos que van a respetar la propiedad privada y lo dicen por la contracampaña que les hacían, ¿no? De que iban a expropiar tierras para dárselas a los demás. Entonces [los del Partido Semilla] salen y dicen, "eso no es cierto, nosotros no lo vamos a hacer, vamos a respetar la propiedad privada".

Mi pregunta es, ¿quién va a ser entonces el director del Consejo Nacional de Áreas Protegidas? Porque de esa oficina dependen los desalojos en comunidades de áreas protegidas. ¿Quién va a ser y cómo va a abordar eso? ¿Quién va a ser el registrador de la propiedad?

Todos hablan de quién va a ser el ministro de Economía, y sí, eso está bueno, pero ¿quién va a ser el registrador de la propiedad? Ese funcionario es quien inscribe o puede anular esas anomalías registrales que existen. No sabemos quién va a ser el ministro de Energía y Minas por el tema de la minería y las licencias que hay, o sea, hay más de 900 licencias aprobadas.

En esos temas no espero que esto vaya a cambiar mucho. Públicamente no han dicho nada: ni sobre el tema de la minería ni sobre el tema de áreas protegidas ni sobre el tema de la certeza de la tierra, salvo que ellos van a respetar la propiedad privada. Yo estoy de acuerdo en que respeten [la propiedad privada], pero si es legítimamente obtenida, si no ha sido acaparada por medio de despojos.

Muchos en realidad están confiados en que cuando el presidente Arévalo tome posesión del cargo van a presionar para la renuncia de la fiscal general Consuelo Porras, pero la verdad es que el tema de los desalojos no es sólo culpa de ella. El tema de los desalojos viene incluso desde el tiempo de Thelma Aldana. Ella sabía y ahorita está exiliada y qué pena por ella, pero también hubo cosas terribles que pasaron en el tiempo de ella y continúan ahora en el tiempo de Consuelo. Yo sí veo muy difícil que Arévalo vaya a poder remover a la fiscal, primero porque legalmente no la puede remover. Ella tendría que renunciar.

Yo realmente lo veo difícil. El tema de los desalojos va a continuar, el tema de la persecución va a continuar, tal vez con menos intensidad, pero va a continuar. Lamentablemente yo no veo que para las comunidades vaya a generarse un cambio real, en concreto, por el tema de los desalojos, por el tema de la minería, por el tema de la tierra.

DMP: Dentro de Guatemala, ¿se habla en los medios de los desalojos? ¿O sólo se habla sobre esto entre la misma gente de las comunidades? ¿Cómo se transmite esta información y conocimiento?

JT: Las organizaciones sociales que apoyan y los medios alternativos son los que ayudan a difundir esa información y ahorita están volcados a otros temas. Se quedan con el tema de la captura de jueces y la captura de fiscales, y no hay mayor interés en esta coyuntura sobre lo que está pasando por el tema de la tierra o de la criminalización de periodistas, u otro tipo de casos, como el debate sobre la Masacre de Alaska.

No le dan cobertura porque están ocupados en que detuvieron a alguien más o que van a anular al Partido Semilla. La coyuntura no favorece para que se den a conocer esas situaciones. Es más, desde la comunidad, desde los espacios locales que se dan a conocer, por ejemplo, desde las radios comunitarias, aunque ya hasta en esos niveles se habla sólo del tema de que quieren eliminar a Semilla o que quieren matar a Bernardo.

La situación que se está viviendo en los territorios se queda como en un segundo plano.

DMP: Hace poco publicamos una nota de tu hermana, Gladys Tzul y María Guarchaj Carrillo, donde destacan la importancia de las alcaldías, de que ahí siguen los mismos partidos de la derecha. ¿Cómo afecta eso a las comunidades, en su mayoría mayas, del interior del país?

JT: Creo que Semilla ha ganado como dos o tres alcaldías de las 340, tampoco tienen fuerza parlamentaria. Lo único que tienen es el Ejecutivo: no tienen el Congreso y no tienen apoyo de las municipalidades.

DMP: ¿Qué crees que es lo más importante entender de Guatemala para tener una idea clara de la situación del país?

JT: Que los problemas de fondo que tiene este país no se van a resolver si toma o no toma posesión Bernardo Arévalo, si vuelven o no vuelven las personas que están exiliadas. Es de admirar la situación de ellos, verdad, que tuvieron que huir del país. Están fuera, lejos de su familia.

Pero yo creo que es más de admirar a la gente que no se puede ir, que se tiene que quedar aquí en este país. Al final de cuentas, son siempre los que terminan siendo mayormente sacrificados, digamos, son a quienes les van a quitar su tierra, les van a imponer una minera, a quienes les están contaminando su agua y su territorio.

Todos estamos en esta situación de crisis. Pero unos tienen la posibilidad de irse y estar fuera logrando diferentes condiciones.

Pero hay otros que tienen que quedarse aquí y afrontar esta crisis desde las condiciones que el empobrecimiento les ha impuesto: defender su tierra, cuidar su casa, cuidar su río.

Guatemala es ese país con esa doble vía. Lo vemos en los medios, los jueces y los fiscales, pero también son los líderes comunitarios, las autoridades comunales, las mujeres, los jóvenes que se tienen que quedar, que están viviendo iguales o peores situaciones, pero que están aquí enfrentando esta situación.

Lamentablemente, los problemas de ellos no tienen que ver con que si vamos a sacar a los corruptos del país o vamos a quitar a un ministro corrupto y poner a otro. De todos modos, la política capitalista extractivista va a continuar.

Guatemala habría que leerla en esas dos claves, de esta situación de lo urbano, de lo que está pasando, pero también de lo que estamos viviendo en el interior de los territorios.

Son dos realidades tan parecidas, pero con condiciones distintas para afrontarlas.

Un levantamiento por la democracia sacude Guatemala

[Reportaje • Sandra Cuffe
18 de octubre, 2023]

La carpa de la cocina rebosaba de actividad mientras los voluntarios hacían tortillas, revolvían huevos, repartían porciones de frijoles y queso y servían café. Eran casi las ocho de la mañana en la protesta frente al Ministerio Público de la Ciudad de Guatemala, donde un dedicado equipo lleva más de dos semanas seguidas atendiendo día y noche a líderes indígenas y manifestantes.

"Aquí hemos estado durmiendo", dijo Juana Chávez, señalando un pequeño tramo de calle bajo la lona, entre montones de aparatos y estantes repletos de víveres. Chávez, una mujer maya k'iche que forma parte de Oxlajuj Ajpop, organización dedicada a la espiritualidad y los lugares sagrados mayas, ha sido una de las voluntarias más activas en la cocina desde el primer día. "Estamos aquí en la resistencia", dijo orgullosa a *Ojalá* acerca del equipo de mujeres y hombres, jóvenes y mayores, indígenas y no, con quienes ha estado trabajando.

La protesta en la Ciudad de Guatemala, parte de un paro nacional liderado por pueblos indígenas, ya cumplió dos semanas, con bloqueos de carreteras y caminos que se mantienen en todo el país, bajo amenaza de ser desalojados. La gente exige la renuncia de la fiscal general y de otros operadores del sistema judicial que han emprendido acciones para socavar la democracia electoral.

Indignación ante el "pacto de corruptos"

Bernardo Arévalo, diputado socialdemócrata e hijo del primer presidente elegido democráticamente en el país, ganó la segunda vuelta de las elecciones presidenciales el 20 de agosto. Desde que ganó la primera vuelta en junio, agentes del Ministerio Público han allanado periódicamente las oficinas del tribunal electoral, han incautado las actas electorales originales, han perseguido a los magistrados electorales, han intentado anular al Partido Semilla de Arévalo y han continuado sus investigaciones sobre diversos aspectos del proceso electoral. Existe la preocupación generalizada de que el principal objetivo de estos esfuerzos, condenados desde las asociaciones comunitarias locales hasta el secretario general de la ONU, sea impedir que Arévalo asuma la presidencia en enero.

"Es un golpe de Estado técnico que quieren realizar", dijo Mynor Say, autoridad maya k'iche de la aldea de Vázquez, en Totonicapán, durante una marcha en la Ciudad de Guatemala. "Estamos viendo que se vulnera la democracia en Guatemala."

Las autoridades indígenas —electas por sus comunidades en procesos autónomos— de Totonicapán y de todo el país convocaron el paro, y sus representantes han mantenido una presencia permanente en la capital. Las acciones masivas comenzaron al amanecer del 2 de octubre, cuando miles de personas empezaron a congregarse a lo largo de la Panamericana y otras carreteras de Guatemala. El paro es categóricamente apartidista; la gente está defendiendo la democracia, no a Arévalo ni a su partido.

La cantidad de bloqueos de autopistas y carreteras ha variado constantemente, oscilando entre una docena y más de 150 y alcanzando su punto álgido el 9 de octubre. Desde entonces, muchos han cedido, algunos abren periódicamente el tránsito y unos cuantos han sido desalojados por la policía. Grupos de hombres armados han intimidado y atacado varias acciones de bloqueo, en algunos casos abriendo fuego e hiriendo a manifestantes. Un manifestante, Francisco Gonzalo Velásquez, fue asesinado el 16 de octubre, cuando hombres armados atacaron un bloqueo en el municipio de Malacatán, cerca de la frontera con México.

El ministro de Gobernación, Napoleón Barrientos, renunció la tarde del 16 de octubre, citando "la complejidad de la situación actual en que se encuentra el país" en su carta de renuncia. Al mando de la Policía Nacional Civil, Barrientos fue presionado para que reprimiera las protestas. Ese mismo día, el Ministerio Público solicitó su destitución por no haberlo hecho.

El 18 de octubre, la Corte de Constitucionalidad ordenó a la policía actuar y "habilitar el acceso pleno" a todas las sedes del Ministerio Público en un plazo de seis horas. La Corte también ordenó al Ejército que colabore si es necesario. La protesta frente a la sede de Ciudad de Guatemala no obstruye el acceso de los empleados, pero los manifestantes esperan acciones represivas.

Este complicado último capítulo de una profunda crisis no surgió de la nada. Cuando Arévalo llegó de forma inesperada a la segunda vuelta y luego ganó, "preveíamos que esto se venía", dijo Angelina Aspuac, coordinadora del Movimiento Nacional de Tejedoras Mayas. "Hoy las instituciones del Estado están cooptadas", dijo a *Ojalá* en la protesta ante el Ministerio Público.

Tras algunos años de históricos casos penales en los que se enjuició a ex jefes de Estado por genocidio y corrupción, alrededor de 2017 se desató una campaña de represalias que no ha parado desde entonces. El gobierno disolvió una comisión contra la impunidad promovida por la ONU. Decenas de jueces y fiscales criminalizados y amenazados fueron forzados al exilio. Una informal alianza multipartidista de gobierno, conocida comúnmente como el "pacto de corruptos", amañó la Corte de Constitucionalidad, máximo órgano de control y equilibrio del poder. Los magistrados de la Corte Suprema de Justicia y de la Corte de Apelaciones llevan ya cuatro años más en el cargo de los cinco que les corresponden.

"Ven como un riesgo ellos a Bernardo Arévalo porque es una voz disidente dentro de todo ese proceso de corrupción", dijo Aspuac sobre la alianza que controla efectivamente los tres poderes de gobierno. "Ahora a toda costa quieren evitar que tome posesión."

Alegría y esperanza al frente de la resistencia

A pesar del retroceso democrático y los ataques contra los bloqueos, las acciones colectivas también han sido celebraciones de resistencia, con música, baile, arte, ceremonias, piñatas y otras actividades. Las comunidades han organizado caravanas e incluso han viajado a pie para apoyar los bloqueos en las tierras altas y en la capital, turnándose para mantener la fuerza de las acciones. Todos los días aparcan detrás del Ministerio Público diferentes autobuses escolares viejos de Estados Unidos, pintados de vivos colores.

A la vuelta de la esquina, médicos instalan cada mañana mesas y cajas llenas de medicamentos y materiales en un improvisado puesto de asistencia médica, una iniciativa totalmente voluntaria puesta en marcha a finales de la primera semana de la protesta. Todos los días, el personal brinda atención médica a unas 350 personas, entre ellas autoridades indígenas, manifestantes, residentes del barrio y cualquier otra persona que llegue. Algunos de los malestares más comunes que atienden son infecciones respiratorias, diarrea e infecciones de la piel, según Carlos Díaz, uno de los médicos voluntarios.

"Respondimos al llamado de las autoridades mayas a resistir", dijo Díaz a *Ojalá*, añadiendo que ellos también permanecerán hasta que el clamor de la lucha popular sea escuchado. "Nuestra manera de manifestarnos contra el gobierno, contra la corrupción, contra el desabastecimiento, es dándole salud a la gente."

Además de las manifestaciones fijas y la organización de apoyo, casi a diario surcan marchas por la capital. Sectores diversos se han movilizado, y los locatarios y comerciantes de los mercados han estado especialmente activos. En una de sus más grandes marchas participaron miles de personas de unos 30 mercados, ocupando varias manzanas de la ciudad. Alicia Portillo, vendedora de ropa en el mercado de San Martín, dijo a *Ojalá* que nadie recuerda que haya habido nunca un movimiento de masas tan unido entre los mercados de la ciudad.

"Demostramos que realmente nos importa la democracia", gritó José Pérez, quien vende joyería en el mercado de El Tierrero en otra zona de la capital, por encima del estruendo ensordecedor de los altavoces de plástico. El cierre de los mercados le afecta a él y a muchas otras personas que viven al día, dijo, "pero es mejor, preferible, dejar de trabajar para apoyar al pueblo porque demostramos que todos unidos podemos hacer y marcar el cambio".

La marcha terminó con una muestra de apoyo a las autoridades indígenas en la concentración frente al Ministerio Público, donde —como en

otras acciones en todo el país— la gente se com-
promete a permanecer hasta que la fiscal general y otros renuncien. "Yo creo que la renuncia de
ellos no resolvería la situación, pero pues sería
un paso", dijo Aspuac. "No tenemos mucha esperanza en este Estado. Sin embargo, no podemos
quedarnos callados."

La política comunal cimbra la impunidad en Guatemala

[Opinión • Colectiva editorial de *Ojalá*
19 de octubre, 2023]

Una movilización comunal con alcance nacional ha paralizado la cotidianidad de impunidad y extractivismo en Guatemala y está cimbrando la estructura política y social en su conjunto.

Desde el 2 de octubre, a lo largo y ancho del país, se ha producido un levantamiento indígena-comunal organizado y sostenido por las estructuras de gobierno comunal, que, aunque negadas tanto en términos legales como políticos, han avivado la crítica social contra la impunidad en toda la sociedad guatemalteca. En el momento de mayor despliegue había más de 200 puntos de bloqueo de carreteras, caminos y avenidas. Hoy siguen habiendo más de 20.

El llamado a bloqueo realizado por los 48 cantones de Totonicapán, la Municipalidad Indígena de Sololá, la Alcaldía Indígena de Nebaj, las Comunidades Aliadas de Chichicastenango, la Municipalidad Indígena de Santa Lucía Utatlán entre varias más a comienzos de octubre ha marcado un límite a la impunidad en el abuso de las instituciones republicanas que el pueblo de Guatemala estaba padeciendo.

Por la democracia, no por un partido

El contexto de los hechos es el siguiente: en la segunda vuelta de las elecciones generales el 20 de agosto resultó electo el sociólogo Bernardo Arévalo del Partido Semilla. Esta opción electoral no representa directa e inmediatamente los intereses de las élites. Tampoco representa a los sectores populares y mucho menos al tejido comunitario-indígena, tal como las autoridades comunitarias expresan una y otra vez. Pero, desde que Arévalo sorprendió al avanzar a la segunda vuelta en junio, en el ámbito judicial y del Ministerio Público se han producido un conjunto de maniobras tanto para descalificar al partido que ganó los comicios como para intentar bloquear la transición de mando en enero próximo.

La gota que derramó el vaso de este conjunto de arbitrariedades y hechos de fuerza, que contradicen la legalidad, fue la intervención del organismo electoral por la fuerza pública a finales de septiembre, para secuestrar las boletas electorales que dieron el triunfo a Arévalo.

Desde la primera vuelta habían empezado protestas en la capital del país, pero con el robo de las urnas, las autoridades comunales de Totonicapán y Sololá convocaron a un bloqueo de caminos y enviaron a una delegación de autoridades y alcaldes a la capital para instalarse frente a la sede central del Ministerio Público, en el Barrio Gerona de la Ciudad de Guatemala.

Su exigencia fue, desde un inicio, la renuncia de la fiscal general Consuelo Porras, el jefe de la Fiscalía Especial contra la Impunidad (FECI) Rafael Curruchiche y del juez Fredy Orellana. Estos tres personajes están identificados como los operadores principales de las maniobras institucionales para el desconocimiento de los resultados electorales.

El discurso emitido por las autoridades comunales en lucha ha sido la defensa de la decisión electoral del pueblo de Guatemala, esto es, la defensa de la democracia política aún vigente en el país. Pero las exigencias puestas a debate público son más amplias, desde la denuncia de la crisis de la salud, el saqueo del sistema escolar, la corrupción en la entrega de fertilizantes, el robo de las semillas orgánicas, la inseguridad en las carreteras, el alto costo de la vida y la violencia contra las mujeres, entre varios puntos más.

La acción de los alcaldes de los 48 cantones de Totonicapán y de los alcaldes indígenas de Sololá se vio rápidamente reforzada por otras autoridades comunales: las del parlamento Xinca, las estructuras comunales de Huehuetenango, San Marcos, Petén, Izabal, Cobán, de los departamentos de la costa sur y del norte del país y de más de 105 mercados populares, así como el de la Terminal de la Zona 4 en la capital, además de múltiples barrios populares de la Ciudad de Guatemala.

La fuerza organizativa y política comunitaria, con su histórica estructura de autoridad y gobierno territorial, se volvió visible para el conjunto del país con su serena medida de fuerza: un bloqueo de carreteras pacífico.

Como una mancha de aceite, por toda Guatemala se fueron instalando estratégicos puntos de bloqueo en caminos y carreteras, así como en las vías neurálgicas de la ciudad capital.

La textura política de Guatemala está cambiando

La aparición de esta fuerza política comunal basada en la coalición de las autoridades comunales territoriales ha generado un escenario inédito en Guatemala.

No son los partidos políticos ni los sindicatos o los llamados "movimientos sociales" los que ocupan la dirección política de la movilización. Son los gobiernos comunales indígenas los que se ponen de pie y, con sus ritmos pausados, con sus capacidades de alentar conversaciones, con sus mecanismos añejos de control de los voceros visibles del movimiento, están dando una lección política a la población en su conjunto.

No es la primera vez que la fuerza política comunal irrumpe en el espacio público en Guatemala, aunque es relevante en esta ocasión el alcance que ha tenido su acción. Intervenir masivamente "en defensa de la democracia" significa, ante todo, evitar que continúe la degradación de la política liberal cada vez más amañada y violenta.

Con sus acciones las movilizaciones comunales han abierto una fisura en el ensamblaje de impunidad del régimen político extractivista vigente en Guatemala. Por ese boquete ha fluido el descontento de otros sectores sociales del país: los habitantes pobres y trabajadores de las ciudades, residentes de barriadas alejadas del centro.

Miles de ladinos (mestizos) humildes, así como comunarios desplazados del campo a los centros urbanos por los desalojos y la violencia, reconocieron la llamada de las autoridades comunales. Se han sumado al paro en contra de las autoridades republicanas que más daño han hecho a la población en su conjunto en las últimas décadas.

Durante la primera semana de bloqueos se han movilizado miles de personas en los distintos puntos, reactivando capacidades comunitarias de sostenimiento de un amplio movimiento democrático que está cambiando la textura política de Guatemala.

Las autoridades comunitarias, a través del sistema de gobiernos comunales indígenas asentados en los territorios, dirigen directamente y en primera persona del plural la irrupción política a nivel nacional de la mayoría de la población. Marcan un basta a la impunidad disfrazada de arbitraria legalidad.

La pedagogía política comunal

Entre las lecciones más relevantes de estas dos semanas de paro están la centralidad del trabajo comunal organizado para sostener cotidianamente la movilización y el compromiso práctico con la producción continua de decisión colectiva con base en un flujo de información constante.

A partir del trabajo coordinado por las autoridades comunales se ha resuelto en los distintos puntos de bloqueo el acopio y la preparación de alimentos, y se ha organizado su distribución incluyendo a muchísimos voluntarios. También ha sido muy fértil la manera en que las autoridades de los distintos pueblos han mantenido el flujo de información coordinada, haciendo conocer sistemáticamente lo que se discute y se acuerda.

En medio de ese conjunto de conversaciones articuladas se produce decisión y se organizan los pasos a seguir.

Todo esto produce certeza y seguridad en lo que se está haciendo de manera conjunta. No es entonces una autoridad que decide verticalmente, sino una que acuerpa y ausculta, que informa, consulta y articula el camino. Esos rasgos de la dirección política comunal indígena están en el fondo de la amplia convocatoria y de la solidez política que ha logrado a lo largo de más de dos semanas de movilización y bloqueo.

El escenario que se abre en Guatemala

Es difícil hacer una prospectiva de lo que ocurrirá en los siguientes días. En la tercera semana de movilizaciones y bloqueos de caminos la estructura política liberal republicana está crujiendo. El presidente de la República admite que es impotente ante la impunidad y acciones despóticas del Ministerio Público y afirma que, por ley, no puede pedir la renuncia a la fiscal general. La repudiada fiscal Porras pidió —y obtuvo— la renuncia del ministro de Gobernación por no levantar los bloqueos. Por su parte, la Corte de Constitucionalidad pidió a la policía actuar para desalojar a los miles de movilizados, con ayuda de militares de ser necesario. El mando militar respondió que sólo pueden actuar si la policía se los solicita. Al mismo tiempo, patrullas militares comienzan a circular por algunas comunidades que integran los 48 cantones de Totonicapán, donde fueron detenidos por comunarios de Paqui, Nimapá y Poxlajuj.

Quizá el indicio más claro de que la situación está llegando a un peligroso límite sea la aparición de civiles armados —paramilitares— que se lanzan a romper violentamente los bloqueos alegando su derecho a seguir haciendo negocios. A la hora de cerrar esta nota, se reporta un fallecido en Malacatán, San Marcos. Se sabe que gente armada —que se presume son guardias de seguridad de las fincas— deambula por la Costa Sur.

En todo caso, es cada vez más claro que para la fuerza política comunal y para la población movilizada, defender la democracia significa establecer un límite a la militarización de los territorios y al despojo y la criminalización de los comunarios.

Hay muchos elementos que se han hecho visibles a lo largo de estos 18 días de bloqueos para el propio tejido comunitario-indígena en los territorios y para los habitantes empobrecidos de las urbes de Guatemala. En particular, la plasticidad de la política comunal y su enérgica capacidad organizativa.

La política comunal en Guatemala ha mostrado su capacidad para adaptarse a las circunstancias y desplegar su potencia expansiva. En eso consiste su plasticidad: conoce y sostiene prácticas de articulación capaces de albergar las diferencias y equilibrarlas.

En tanto se ciñe con firmeza al acuerdo colectivamente producido, en este caso, exigir la renuncia de los tres funcionarios repudiados a través de un bloqueo masivo y pacífico, la política comunal y sus voceros son capaces de producir explicaciones sencillas y sensatas que hacen sentido a la mayoría de la población.

La gran capacidad organizativa de la trama comunal indígena, que se refrenda año con año en las fiestas, en el trabajo colectivo para tareas de interés común y en la elección periódica de autoridades, es la que ha sido capaz de afrontar y distribuir los trabajos y cargas de sostenimiento diario de la movilización nacional en curso.

La vara manda: apuntes sobre el levantamiento indígena en Guatemala

[Opinión • Gladys Tzul Tzul
14 de diciembre, 2023]

Desde el 2 de octubre, el sistema político guatemalteco ha sido sacudido por el sistema político comunal. Una enérgica movilización indígena ha tenido el efecto de trastocar el gobierno en sus entrañas, interpelando al Ministerio Público, el que, como bisagra operadora con sus procesos de investigación, ha abierto la puerta para desalojos de tierras, impunidad, crímenes de guerra y de lesa humanidad, así como para la criminalización de comunidades y autoridades indígenas.

El paro nacional alcanzó una masividad impactante, justamente porque las comunidades han vivido en primera persona, durante muchos años, los efectos del trabajo de ese Ministerio Público (MP). A partir de tales "investigaciones", las comunidades han sufrido la criminalización de sus dirigentes, el desalojo de sus tierras y la judicialización de varias de sus acciones comunales. La intervención del MP en los resultados electorales, el secuestro de las cajas electorales y otras acciones se suman a la cadena de agresiones contra las comunidades indígenas.

Este levantamiento indígena tiene como consignas centrales la defensa de la democracia y del orden constitucional. Desde un punto de vista comunitario, la defensa de la democracia significa el respeto de la voluntad del pueblo; esto implica no permitir el paso a la dictadura y al funcionamiento de gobiernos impuestos por militares, narcotráfico y empresarios.

Por tanto, las autoridades indígenas que convocaron el levantamiento han puesto como principal demanda la renuncia de la fiscal general y jefa del Ministerio Público, Consuelo Porras, del fiscal Rafael Curruchiche y del juez Fredy Orellana.

El levantamiento fue convocado por las autoridades de los 48 cantones de Totonicapán, la Municipalidad Indígena de Sololá, las Comunidades Aliadas de Chichicastenango, la Municipalidad Indígena de Santa Lucía Utatlán, la Alcaldía Indígena de Nebaj, la Alcaldía Indígena de San Cristóbal Totonicapán y el Parlamento del Pueblo Xinka. Se ha expandido como la milpa que retoña y da distintos tipos de maíz.

La gente ha creado puntos de resistencia en los pueblos, en las plazas públicas y las iglesias, en toda la ciudad. La lucha es retomada y relanzada también desde los mercados, las y los trabajadores, las y los repartidores de comida, las y los estudiantes y las y los migrantes en distintas ciudades del extranjero.

Estrategia indígena

En estas 10 semanas se han producido distintas estrategias indígenas que combinan un paro nacional con puntos de resistencia y concentración de miles de personas en la carretera Interamericana y en casi todo el país.

Desde el 20 de octubre, la movilización se ha sostenido gracias a las capacidades de rotación, una estrategia propia del sistema de gobierno comunal indígena. Un día por semana, un pueblo se presenta a sostener el plantón pacífico en el Ministerio Público en Gerona, en la capital. Este levantamiento ha significado un parteaguas en la vida política del país.

El 3 y 4 de noviembre y el 7 de diciembre se organizaron marchas masivas de comunidades a la ciudad, encabezadas por los 48 cantones de Totonicapán y demás autoridades indígenas. También el 21 de noviembre se realizó una gran caravana de transportistas que llegaron desde distintas vías, que fue encabezada por Sololá.

Las autoridades indígenas, durante todo este tiempo, también han desplegado acciones jurídicas en lo nacional e internacional, reuniones con distintos sectores de toda la sociedad, incluso con algunos sectores y grupos empresariales.

Estos meses de movilización y la lucha encabezada por los pueblos a través de sus autoridades indígenas han dejado en claro que Guatemala está gobernada desde una alianza económica-política que utiliza al Ministerio Público como mecanismo muy eficaz de contención-represión para quienes detentan el poder económico-político y ha logrado subsumir a los tres poderes del Estado.

Ya han sido más de 60 días. Como sociedad hemos visto la fuerza, la energía y el despliegue de la estrategia comunal indígena para convocar a la población urbana y avivar el entusiasmo en los sectores populares y medios a luchar por el bien común. Además, lograron que sus consignas de lucha se enlazaran con otros pueblos y que las movilizaciones se expandieran.

En este tiempo hemos vivido notables experiencias políticas que se distinguen en por lo menos tres aspectos.

El aparecimiento de miles de comunidades y cantones que respaldaron las demandas que gestionaban las autoridades comunales en la ciudad capital. Esta condición de masividad ha sido la fuerza más grande para impedir la violencia de parte de la Policía Nacional Civil. Este asunto se mostró con claridad el día 19 de octubre, cuando la Corte de Constitucionalidad dictó orden de desalojo del punto de resistencia en el MP.

También la calidad festiva de las asambleas realizadas en las carreteras en por lo menos 200 puntos a lo largo de todo el país, así como en el MP, mantuvieron un orden de debate político y denuncia, al mismo tiempo lúdico y festivo. Las rebeliones indígenas suceden cuando se despliegan como fiesta.

Finalmente figura la producción de una coordinación entre pueblos indígenas a través de sus autoridades. "Entre pueblos tenemos nuestra propia autonomía, y no siempre llegamos a consensos, pero seguimos juntos", reiteró el vicepresidente de los 48 cantones en diversas entrevistas.

Esta calidad autonómica de los gobiernos comunales se muestra al momento que las autoridades indígenas se han planteado un levantamiento comunal que no defiende intereses de ningún partido político. Dialogan en igualdad y no en subordinación con las instancias estatales o de empresarios. "Estamos aquí no por un beneficio personal, sino que en representación de nuestras comunidades quienes nos han delegado para cumplir las consignas de defender al pueblo", dijo Luis Pacheco, presidente de los 48 cantones de Totonicapán.

En relación con los numerosos recursos jurídicos interpuestos en las distintas instancias estatales, observamos como en un tablero de ajedrez la manera en que las autoridades indígenas han movido múltiples piezas jurídicas del Estado para ofrecer respuesta y contrarrespuesta en el armazón político que presentaba límites a las exigencias de destitución y renuncia de funcionarios públicos.

La efectividad de sus estrategias ha logrado desordenar el tablero donde ocurre el juego, por el movimiento de las autoridades ante instancias jurídicas nacionales e internacionales.

La partida está abierta, y el resultado se está construyendo con la fuerza de las comunidades y cuidándose de las agresiones.

Como dijo una alcaldesa de 48 cantones: "Las comunidades tenemos más estrategias. No nos desesperemos, sigamos luchando".

Semblanzas de lxs autores

Simón Antonio Ramón es periodista maya q'anjob'al, originario de Santa Eulalia, Huehuetenango. Es estudiante de la licenciatura en Ciencias de la Comunicación por la Universidad de San Carlos de Guatemala (USAC).

Sandra Cuffe es periodista *freelance* radicada en Guatemala. Cubre derechos humanos, política, movimientos sociales y luchas ambientales en América Central... Y a veces más allá.

María Guarchaj Carrillo es una periodista maya k'iche y trabaja en español y k'iche'. Labora creación de contenidos en redes sociales en temáticas de despojo de territorio, discriminación y racismo con organizaciones en defensa de los Derechos Humanos y con enfoque de pueblos indígenas.

Raquel Gutiérrez Aguilar ha sido parte de variadas experiencias de lucha en este continente, impulsando la reflexión y alentando la producción de tramas antipatriarcales por lo común. En *Ojalá* es editora de opinión.

Dawn Marie Paley es periodista *freelance* desde hace casi dos décadas y ha escrito dos libros: *Capitalismo antidrogas: una guerra contra el pueblo* y *Guerra neoliberal: desaparición y búsqueda en el norte de México*. Es la editora de *Ojalá*.

Gladys Tzul Tzul es maya k'iche' de Guatemala. Escribe y enseña sobre política comunal. Sus investigaciones las ha realizado en Guatemala, Honduras, Ecuador y Estados Unidos. En *Ojalá* apoya en la generación de debate de mujeres indígenas.

Ojalá es un semanario digital de periodismo y análisis que nutre sentidos comunes disidentes. Puedes encontrar nuestro trabajo en Ojala.mx y es muy fácil suscribirte al boletín semanal.

A través de voces y perspectivas ancladas en acción e investigación, *Ojalá* aspira a una sintonía que ilumine y se nutra de las capacidades comunitario-populares, las luchas feministas, y las disputas territoriales en marcha.

Impulsando las plumas de las mujeres, *Ojalá* ha abierto un proceso de hilado paciente que permite dar cuenta del tejido de las luchas que vibran en diversos territorios al occidente del Atlántico.

EQUIPO OJALÁ

EDITORA: Dawn Marie Paley
EDITORA DE OPINIÓN: Raquel Gutiérrez Aguilar
EDITORA DE TRADUCCIONES: María José López
EDITOR DE PROYECTOS ESPECIALES: Kévin Hernández Martínez
CONSEJO EDITORIAL: Claudia López Pardo, Gladys Tzul Tzul
CORRECCIÓN DE ESTILO: Chuck Morse
ADMINISTRACIÓN: Scala Finanzas

•

ESCRÍBENOS A info@ojala.mx